# BEI GRIN MACHT SICH IHI WISSEN BEZAHLT

- Wir veröffentlichen Ihre Hausarbeit, Bachelor- und Masterarbeit

- Ihr eigenes eBook und Buch - weltweit in allen wichtigen Shops

- Verdienen Sie an jedem Verkauf

## Jetzt bei www.GRIN.com hochladen und kostenlos publizieren

Mathias Riechert

# Von syntaktischer zu semantischer Integration

GRIN Verlag

**Bibliografische Information der Deutschen Nationalbibliothek:**

Die Deutsche Bibliothek verzeichnet diese Publikation in der Deutschen National-
bibliografie; detaillierte bibliografische Daten sind im Internet über http://dnb.d-
nb.de/ abrufbar.

**Impressum:**

Copyright © 2011 GRIN Verlag, Open Publishing GmbH
Druck und Bindung: Books on Demand GmbH, Norderstedt Germany
ISBN: 978-3-656-01338-9

**Dieses Buch bei GRIN:**

http://www.grin.com/de/e-book/178974/von-syntaktischer-zu-semantischer-integra-
tion

**GRIN - Your knowledge has value**

Der GRIN Verlag publiziert seit 1998 wissenschaftliche Arbeiten von Studenten, Hochschullehrern und anderen Akademikern als eBook und gedrucktes Buch. Die Verlagswebsite www.grin.com ist die ideale Plattform zur Veröffentlichung von Hausarbeiten, Abschlussarbeiten, wissenschaftlichen Aufsätzen, Dissertationen und Fachbüchern.

**Besuchen Sie uns im Internet:**

http://www.grin.com/

http://www.facebook.com/grincom

http://www.twitter.com/grin_com

# TECHNISCHE UNIVERSITÄT DRESDEN

## Fakultät für Wirtschaftswissenschaften

### Seminararbeit

Integrations- und Architekturkonzepte für Anwendungssysteme

Sommersemester 2011

# *Von syntaktischer zu semantischer Integration*

Name:  Mathias Riechert

Übermittlungsdatum:  20. Juni 2011

# Inhaltsverzeichnis

# Abbildungsverzeichnis

# Tabellenverzeichnis

# Abkürzungsverzeichnis

| | |
|---|---|
| BPM | Business Process Management |
| BPML | Business Process Modeling Language |
| COM/DCOM | Component Object Model/Distributed COM |
| CORBA | Common Object Request Broker Architecture |
| DAML-S | DARPA agent markup language |
| EAI | Enterprise Application Integration |
| ebXML | Electronic Business Extensible Markup Language |
| EII | Enterprise Information Integration |
| EIS | Enterprise Information System |
| ESB | Enterprise Service Bus |
| ETL | Extract Transform Load |
| IDEF | Integrated Definition |
| IS | Informationssystem |
| JDBC | Java Database Connectivity |
| ODBC | Open Database Connectivity |
| OLAP | On-Line Analytical Processing |
| OWL | Web Ontology Language |
| RPC | Remote Procedure Call |
| SOA | Service-Orientated Architecture |
| UML | Unified Modeling Language |
| WSMF | Web Service Modeling Framework |
| WSMO | Web Service Modeling Ontology |
| XML | Extensible Markup Language |

# 1 Einleitung

Die Integration von Enterprise Integration Systems (EIS) ist besonders für große und dynamische Firmen wichtig (vgl. Izza, 2009, S. 1), um der steigenden Vernetzungskomplexität gerecht zu werden. Ziel ist die Entwicklung eines anwendungs-, abteilungs- und plattformübergreifenden Informationssystems. Die vorliegende Arbeit untersucht Technologien der syntaktischen Anwendungsintegration und vergleicht sie mit semantischen Integrationstechnologien, um Potentiale und Risiken der Entwicklung zu identifizieren.

Abbildung 1 visualisiert den Aufbau der Arbeit. Kapitel 2 diskutiert die begrifflichen Grundlagen und beschreibt Frameworks zur Integration von Informationssystemen. Darauf aufbauend beschreibt Kapitel 3 den Übergang von syntaktischer zu semantischer Integration. Dabei werden zuerst Technologien syntaktischen Integration eingeführt und evaluiert (Kapitel 3.1). In Kapitel 3.2 werden semantische Ansätze diskutiert und evaluiert. Darauf aufbauend erfolgt in Kapitel 3.3 ein Vergleich zur Identifikation der Gemeinsamkeiten und Unterschiede beider Ansätze, um daraus Chancen und Risiken der semantischen Integration abzuleiten. Die Arbeit schließt mit der Zusammenfassung und kritischen Würdigung in Kapitel 4.

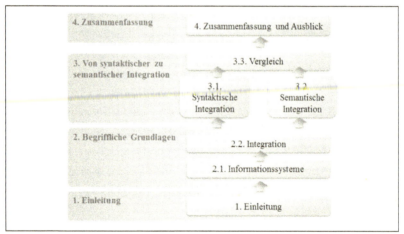

Abbildung 1: Aufbau der Arbeit

# 2    Begriffliche Grundlagen

## 2.1    Informationssysteme

Informationssysteme (IS) sind „soziotechnische Systeme" mit menschlichen und maschinellen Komponenten (vgl. Schwarzer & Krcmar, 1999, S. 11) zur „Beschaffung, Verarbeitung, Übertragung, Speicherung und/oder Bereitstellung von Informationen" (Schwarze, 2000, S. 46). Der Begriff Anwendungssystem wird häufig synonym mit Informationssystem verwendet und besteht aus dem eigentlichen Programm, der darunterliegenden Hardware und ist in ein organisatorisches Umfeld eingebettet (vgl. Schwarzer & Krcmar, 1999, S. 12).

Ein Enterprise Information System (EIS) besteht aus einer Vielzahl von Applikationen zur Abdeckung des Geschäftsbetriebes (vgl. Izza, 2009, S. 2). Im Gegensatz zu IS binden EIS verschiedene Einzelsysteme an einen zentralen Zugriffspunkt an und reduzieren so die Anzahl der benötigten Schnittstellen. Zentraler Bestandteil eines Systems ist das Zusammenspiel der Komponenten. Im Kontext von IS und EIS ergibt sich daraus die Notwendigkeit der Integration verschiedener Anwendungen.

## 2.2    Integration

Integration von IS ist die Koordination von allen Betriebselementen (Prozesse, Human Ressources, und Technologie), um die optimale Erreichung des Unternehmensziels zu gewährleisten (vgl. Williams, 1994, S. 141) und neue Synergien zu ermöglichen (vgl. Weston, 1993, S. 2239).

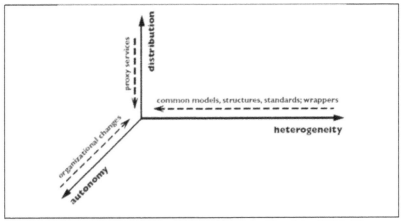

Abbildung 2: Problemdimensionen für Softwareintegration (Hasselbring, 2000, S. 36)

Zu adressierende Probleme werden von Hasselbring (2000, S. 36ff) in die drei Dimensionen Autonomie, Heterogenität und Distribution aufgeteilt (vgl. Abbildung 2). Heterogenität beinhaltet multiple technische, syntaktische und semantische Konflikte sowie die Datenanpassung, Distribution adressiert die räumliche und logische Uneinheitlichkeit, und Autonomie beinhaltet die Problematik von asynchronen Daten- und Organisationsflüssen (vgl. Hasselbring, 2000, S. 6).

Die Kategorisierung des Integrationsgegenstands wird in der wissenschaftlichen Diskussion je nach Detaillierungsgrad verschieden vorgenommen. Amice grenzt drei Ebenen voneinander ab: physische Systemintegration, Applikationsintegration und Firmenintegration (Amice, 1993). Jede der Ebenen baut auf der vorherigen auf (vgl. Vernadat, 2002, S. 19). Die Charakteristika der Ebenen werden in Tabelle 1 beschrieben.

Tabelle 1: Integrationsebenen

| Integrations-ebene | Beschreibung | Lösungsansätze |
|---|---|---|
| System-integration | Inhalt ist die Anbindung und der Datenaustausch über Netzwerke mittels Kommunikationsprotokollen. | ISO/OSI |
| Applikations-integration | Beinhaltet Interoperabilität von Applikationen aus unterschiedlichen Plattformen. | STEP, EDI, HTML, XML, eb-XML |
| Firmen-integration | Prozesskoordination und -orchestrierung | ICAM, IPAD, Globeman, IMS, CIMOSA |

Izza (2009) unterscheidet zwischen vier Integrationsdimensionen, die verschiedene Sichtweisen der Integration abbilden. Die in Abbildung 3 visualisierten Dimensionen sind abgeleitet aus vorhergehenden Integrationsansätzen. Die von Vernadat (2002) und Amice (1993) beschriebenen Ebenen lassen sich der Dimension Integration Layer zuordnen. Systemintegration findet auf Datenebene, Applikationsintegration auf Nachrichtenebene und Firmenintegration auf Prozessebene statt.

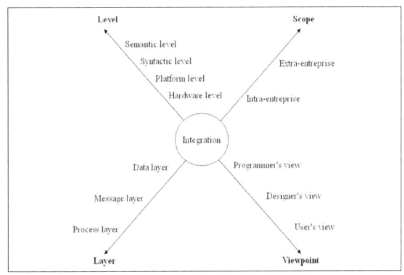

Abbildung 3: Integrationsdimensionen (Izza, 2009, S. 11)

Mithilfe der Dimensionen lassen sich Sachverhalte nach Dimensions- und Ebenenselektion auf die gewählten Aspekte hin untersuchen. Abbildung 4 zeigt einen Analyserahmen zur Untersuchung der Integration von Daten, Services und Prozessen auf syntaktischer und semantischer Ebene.

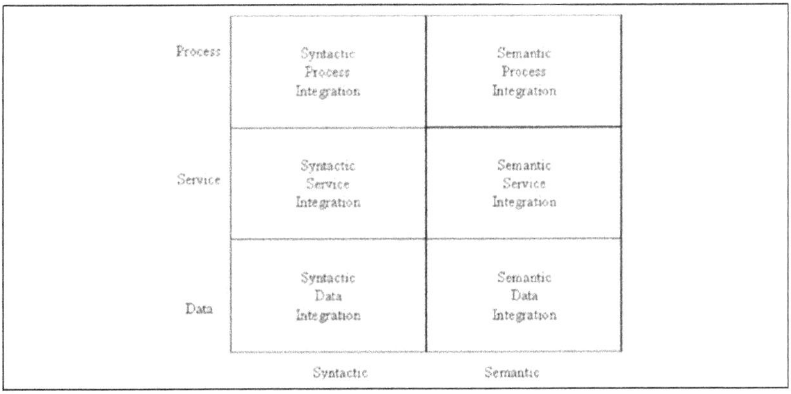

| Process | Syntactic Process Integration | Semantic Process Integration |
|---|---|---|
| Service | Syntactic Service Integration | Semantic Service Integration |
| Data | Syntactic Data Integration | Semantic Data Integration |
| | Syntactic | Semantic |

Abbildung 4: Projektion des Frameworks auf Level und Layer Achse (Izza, 2009, S 14)

Im deutschsprachigen Raum teilt die Kategorisierung von Mertens (2007, S. 2) die Integration ebenfalls in Dimensionen ein, wie Abbildung 5 darstellt. Beim Vergleich wird deutlich, dass die Dimensionen *Integration Layer - Informationsgegenstand* und *Integration Scope – Integrationsreichweite* inhaltlich teilweise deckungsgleich sind. Die Integrationsrichtung wird in der Dimension *Integration Scope* betrachtet (vgl. Izza, 2009, S. 11). Für die betrachteten Aspekte der Dimensionen *Integration Level*, *Integration Viewpoint*, *Integrationszeitpunkt* und *Automationsgrad* lassen sich in der jeweils anderen Systematisierung keine Entsprechungen finden.

Da im Modell von Mertens das Integrationslevel nicht direkt mit betrachtet ist, wird im Folgenden von den von Izza abgeleiteten Integrationsdimensionen ausgegangen. Eine zu erwägende Alternative stellt die Erweiterung von Mertens Modell um die Leveldimension dar, um diese Einflüsse bei Analysen stärker fokussieren zu können.

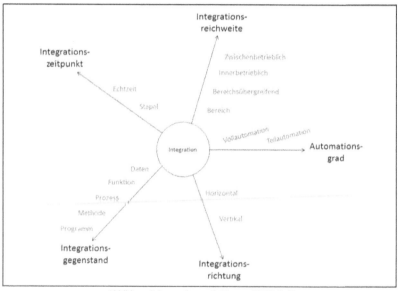

Abbildung 5: Integration nach Mertens (2007, S. 2)

Die Integration Level Dimension von Izza unterscheidet die Ebenen *Hardware Level*, *Platform Level*, *Syntactic Level* und *Semantic Level* (vgl. Izza, 2009, S. 11f.). Die *Hardware* Ebene beinhaltet Unterschiede und Lösungsansätze für Computerhardware, Netzwerke und Komponenten. Auf *Software* Ebene werden Unterschiede der Betriebssysteme oder Datenbank Plattform analysiert. Die *syntaktische* Ebene beschreibt das Datenmodell und die Prozessbeschreibungen. Auf *semantischer* Ebene werden die beabsichtigten Bedeutungen und Konzepte abgebildet (vgl. Izza, 2009, S. 13). Im Folgenden wird zuerst auf die Eigenheiten syntaktischer und semantischer Integration eingegangen, um Unterschiede aufzuzeigen und Lösungsansätze zu diskutieren.

# 3   Von syntaktischer zu semantischer Integration

### 3.1   Syntaktische Integration

Der Begriff Syntax stammt vom griechischen „syntaksis" ab und wird mit Ordnung oder Zusammenstellung übersetzt. Im Kontext von Anwendungsintegration beschreibt die syntaktische Integration die formale Struktur der Zusammenführung von Programmen. Sie adressiert die Problemdimension Heterogenität (Siehe Abbildung 2, S. 2). Die zur Problemlösung genutzten Techniken lassen sich wie in Abbildung 6 dargestellt typologisieren.

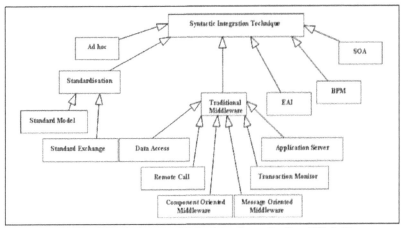

Abbildung 6: Typologie der syntaktischen Integrationsansätze (Izza, 2009, S. 17)

#### 3.1.1   Ad hoc Techniken

Ad hoc Ansätze basieren auf Individuallösungen zur Integration von Punkt-zu-Punkt Integrationsszenarien. Die Schnittstellenkomplexität steigt exponentiell mit der Anzahl der zu integrierenden Anwendungen. Abbildung 7 visualisiert die die Schnittstellenkomplexität. Eine Möglichkeit zur Umsetzung einer solchen Kommunikation sind Remote Procedure Calls (RPC).

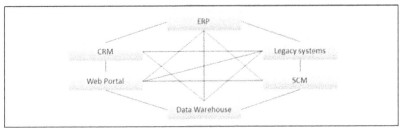

Abbildung 7: Ad hoc Schnittstellenkomplexität (Izza, 2009, S. 18)

### 3.1.2    Standardisierung

Ein weiterer Ansatz ist die Standardisierung der Datenaustauschformate sowie der Daten- und Prozessmodelle (vgl. Izza, 2009, S. 17ff.). Die Integration von Anwendung wird durch Standardisierung vereinfacht, da auszutauschende Dateien bereits im gleichen Format vorliegen und eine Interaktion ermöglicht wird.

Austauschformate sind z.b. XML (Extensible Markup Language), ebXML (e-Business XML). XML ist eine Auszeichnungssprache um Dokumente und Daten zu strukturieren. ebXML umfasst eine Gruppe von XML-basierten Standards, die eine offene XML-basierte Infrastruktur zum sicheren, konsistenten und interoperablen Austausch von Geschäftsdaten (vgl. Izza, 2009, S. 18) bereitstellt.

Ein höherer Grad der Integration kann erreicht werden, wenn nicht nur die Daten austauschbar sind, sondern auch die zugrunde liegenden Daten- und Prozessmodelle standardisiert werden. Beispiele hierfür sind UML (Unified Modeling Language), BPML (Business Process Modeling Language), oder IDEF3 (Integrated Definition). UML ist eine objektorientierte Spezifikationssprache zur Modellierung von Enterprise- und Informationssystemen über verschiedene Ebenen (z.b. Klassendiagramm und Objektdiagramm). IDEF3 Modelle (Mayer, Menzel, & Painter, 1995) werden genutzt, um Geschäftsprozesssequenzen zu modellieren. Ziel ist die Bereitstellung einer strukturierten Methode zur Bereitstellung der Prozessinformationen. BPML wird ebenfalls zur Prozessmodellierung genutzt. BPML beinhaltet eine Grammatik auf XML-Schema-Basis, um den Austausch der Definitionen über heterogene Systeme und Modellierungswerkzeuge zu ermöglichen (vgl. Izza, 2009, S. 20-23).

Tabelle 2 systematisiert die beschriebenen Standardisierungstechnologien. Es gibt darüber hinaus eine Vielzahl weiterer Standards, da für jede Branche eigene Standards existieren. Die Auswahl begrenzt sich deshalb auf allgemeingültige, verbreitete Standards.

Tabelle 2: Systematisierung Standardisierungstechnologien

| Technologie | Standardisierungsart | Fokus |
| --- | --- | --- |
| XML | Austauschformat | Datenstrukturierung |
| ebXML | Austauschformat | Geschäftsdatenaustausch |
| UML | Modellstandardisierung | EIS und IS Modellierung |
| IDEF3 | Prozessstandardisierung | Geschäftsprozessmodellierung |
| BPML | Prozessstandardisierung | Geschäftsprozessmodellierung |

### 3.1.3    Middleware

Middleware ist eine Sammlung von Services, die Applikationen den Informationsaustausch über Netzwerke ermöglichen. Dafür werden unter anderem die Technologien RPC, datenorientierte Middleware, komponentenorientierte Middleware, nachrichtenorientierte Middleware und Applikationsserver genutzt (vgl. Izza, 2009, S. 24). Ziel der Integration über Middleware ist die Bereitstellung von hardwarenahen Kommunikations- und Integrationsservices. Tabelle 3 umreißt kurz einige Middlewaretechnologien, die zur Integration genutzt werden.

Tabelle 3: Middleware Integration (vgl. Izza, 2009, S. 24-31)

| Technologie | Middleware-kategorie | Fokus |
|---|---|---|
| **RPC** (Remote Procedure Call) | Integration verteilter Systeme | ermöglichen den Aufruf von Prozeduren auf entfernten Systemen |
| **ODBC / JDBC** (Open / Java Database Connectivity) | Datenorientierte Middleware | ermöglicht Integration über Datenaustausch |
| **EII** (Enterprise Information Integration) | Datenorientierte Middleware | ermöglicht Datenreplikation und Daten-vereinigung multipler Datenbanken |
| **ETL** (Extract Transform Load) | Datenorientierte Middleware | Integration von Daten über einen gemeinsamen Datenspeicher (Data Warehouse), um Online Analytical Processing (OLAP) zu ermöglichen |
| **CORBA** (Common Object Request Broker Architecture) | Komponenten-orientierte Middleware | Standard zur transparenten Applikations-kommunikation umfasst neben einem Standardmechanismus zur Schnittstellendefinition (Application und Domain Interfaces) auch Standardtransaktionsservices wie Dictionaries und Naming Services |
| **COM/DCOM** (Component Object Model/Distributed COM) | Komponenten-orientierte Middleware | Objektbasierte Frameworks zur Entwicklung, Verteilung und Integration von Software Komponenten nutzt das Client-Server Prinzip um Prozesse verteilt zu starten und deren Interaktion zu ermöglichen |
| **MOM** (Message Orientated Middleware) | Nachrichten-orientierte Middleware | integriert Applikationen zu lose gekoppelten, asynchronen Gesamtsystemen Sender und Empfänger sind nicht fest gekoppelt sondern kommunizieren über Message Queues unabhängig voneinander |
| **Application Server** | Applikations-orientierte Middleware | koordinieren Zugriff auf Komponenten Services zur Benennung, Nutzung, Datenzugriff, Kommunikationsmanagement (RMI), Nachrichten-management und Transaktionsmanagement werden bereitgestellt |

3.1.4     Enterprise Application Integration (EAI )

Die Integration von Applikationen wird bei EAI durch Message-Broker realisiert. Die direkte Verbindung der Applikationen untereinander wird ersetzt durch einen zentralen Zugriffspunkt, der Verbindungsinterfaces bereitstellt. Abbildung 8 visualisiert die Architektur von EAI Konzepten. Ein EAI-System umfasst die Ebenen Data Transport, Message Routing, Data Transformation und Process Management. Der Datentransport wird über RPC's oder datenorientierte Middleware realisiert. Die Ebene des Message Routings wird durch Message Queuing unterstützt. Kernaufgabe ist dabei die Informationsdistribution zwischen den Anwendungen. Verschiedene Applikationen werden durch die Verbindungsinterfaces (Connectors) in der Datentransformationsebene integriert. Applikationsübergreifende Prozesse werden in der Process-Management-Ebene koordiniert. Dadurch wird eine einfache Kombination der Prozessbausteine möglich (vgl. Izza, 2009, S. 31f).

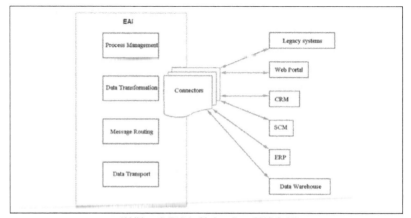

Abbildung 8: EAI Architektur (Izza, 2009, S. 31)

3.1.5     Business Process Management (BPM)

BPM kann Teil eines EAI Systems sein, oder als eigenständige Integrationsmethode angewandt werden. Unterstützt wird das Design, die Einführung, Kontrolle, und Analyse von Geschäftsprozessen. Als zentrales Werkzeug dient ein Process Broker, der den Message Broker um die Prozesslogik zur Integration verschiedener Applikationen erweitert. Um Geschäftsprozesse im Unternehmen zu koordinieren, werden Workflow Management Systeme eingesetzt. Sie ermöglichen die Implementierung zusammengesetzter Applikationen durch Kombination verschiedener Geschäftsprozesse (vgl. Izza, 2009, S. 32).

### 3.1.6    Service-oriented Architectures (SOA)

SOA zerlegt komplexe Prozesse in einzelne Servicebausteine. Diese sind unabhängige Funktionseinheiten, die untereinander mittels Nachrichten kommunizieren. Als Basis dienen Web Services (vgl. Chappell, 2004, S. 3) oder der Enterprise Service Bus (ESB). Ein ESB sichert die Kommunikation und Interoperabilität der Services über XML und Web Services. Abbildung 9 bildet SOA Komponenten ab. Die Web Services werden mit dem Service Locator identifiziert und lokalisiert. Jeder Business Service enthält gekapselte Geschäftsprozess-funktionalität, die von der Business Process Engine ausgeführt und kombiniert werden können. Utility Services sind spezielle Erweiterungen der Kernfunktionalität. Common Infrastructure Services ermöglichen das Mapping auf die lokale Infrastruktur.

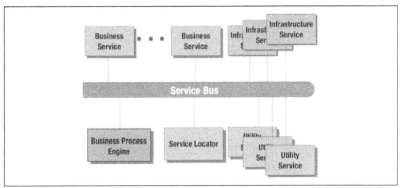

Abbildung 9: SOA Architecture (Izza, 2009, S. 33)

### 3.1.7    Zusammenfassung syntaktische Integration

Syntaktische Integration beschreibt die Zusammenstellung und Kommunikation von Einzelanwendungen zu übergreifenden Systemen. Die beschriebenen Technologien ermöglichen eine solche Integration auf verschiedenen Ebenen. Um Unterschiede zur semantischen Integration zu identifizieren, ist eine Analyse syntaktischer Integrationstechnologien notwendig. Izza (2009, S. 34) analysiert die Integrationsansätze anhand von aus der Analyse abgeleiteten Kriterien. Diese lassen sich in allgemeine und spezifische Kriterien unterteilen. Allgemeine Kriterien umfassen Anwendungsbereich (Scope), Standpunkt (Viewpoint), Ebene (Layer), Level, und Offenheit (Openness). Spezifische Kriterien analysieren die Autonomie, Verteilung (Distribution), Dynamik (Dynamism), und Flexibilität der Integrationstechnologie. Die Analyse der verfügbaren Technologien ist in Tabelle 4 aufgelistet.

Bei Izza (2009, S. 34) erfolgt keine klare Begriffsdefinition, weshalb insbesondere die Bewertung der Begriffe Dynamik und Flexibilität nicht klar abgrenzbar ist. Im Folgenden wird für die Flexibilität im Kontext von Informationssystemen von der Defintion von Oberweis und Stucky ausgegangen: „Sowohl automatische als auch manuelle Anpassungsmaßnahmen sollen mit vertretbarem Aufwand durchführbar sein." (Oberweis & Stucky, 2003, S. 2).

Da im Kontext von Informationssystemen keine klare Definition für „Dynamism"[1] existiert, orientiert sich die Interpretation an „dynamic Informations Systems" von Mansour und Ghazawneh, die mit Dynamik die Veränderung der IT im Umfeld eines dynamischen Kontexts betrachten (vgl. Mansour & Ghazawneh, 2009, S. 7). Aufgrund der sich überschneidenden Inhalte und nicht gegebenen Abgrenzung durch Izza wird im Folgenden nur die Flexibilität als Einfachheit der Anpassungsmaßnahmen betrachtet.

Aus der Tabelle 4 geht hervor, dass Ad hoc Lösungen im Vergleich mit anderen Ansätzen geringere Offenheit, Autonomie, Distribution, und Flexibilität aufweisen. Die Nutzung von Standards ist besonders hinsichtlich der Flexibilität ineffektiv, da bei Änderungen oder Weiterentwicklungen von Standards viele Anpassungen notwendig werden. Middleware ist aufgrund der festen hardwarenahen Implementierung hinsichtlich der Offenheit und Flexibilität problematisch, da Änderungen sowie Anpassungen umfangreiche Codeänderungen nach sich ziehen.

Tabelle 4: Syntaktische Integration (nach Izza, 2009, S. 34, Änderungen siehe Fußnoten)

| Syntaktische Integrationsansätze | | | | | | |
|---|---|---|---|---|---|---|
| **Kriterium** | Ad hoc | Standard | Middle-ware | EAI | BPM | SOA |
| **Generelle Kriterien** | | | | | | |
| Anwen-dungs-bereich | intra | intra, extra | intra | intra | intra | intra, extra |
| Standpunkt | technisch | konzeptionell | technisch | technisch | konzeptionell | konzeptionell |
| Ebene | Daten-nachricht | Daten-prozess | Daten-nachricht | Daten | Prozess | Nachricht-prozess |
| Level | Syntax | Syntax | Syntax | Syntax | Syntax | Syntax |
| Offenheit | gering | hoch | gering | (gering)[2] mittel | gering | hoch |
| **Spezifische Kriterien** | | | | | | |
| Autonomie | gering | hoch | mittel | hoch | hoch | hoch |
| Verteilung | gering | hoch | hoch | hoch | hoch | hoch |
| Flexibilität | gering | hoch[3] mittel | gering | gering | gering[4] mittel | hoch |

---

[1] „Dynamism" wird als philosophische Theorie zur Erklärung der stetigen Veränderung des Universums genutzt.
[2] Izza (2009, S. 34) stuft die Offenheit von EAI als gering ein, im Vergleich mit Middleware ist EAI durch die Konnektoreninterfaces offener.
[3] Die Änderung oder Weiterentwicklung eines Standards bedeutet für Applikationen einen hohen Änderungsaufwand. Diese Änderungen kommen selten vor, dennoch wird die Flexibilität auf Mittel herabgesetzt.
[4] Die Flexibilität von BPM Integrationen wird als gering angegeben. Im Vergleich mit Ad hoc Ansätzen sind Geschäftsprozessflüsse besser anpassbar.

EAI gewährt den Applikationen eine höhere Autonomie als der Einsatz von Middleware, bringt aber ähnliche Probleme hinsichtlich der Flexibilität mit sich. BPM weisen eine geringe Offenheit der verwendeten Systeme auf. Die resultierenden Geschäftsprozessflüsse sind jedoch im Vergleich zu Middleware flexibler anpassbar. SOA weist eine hohe Offenheit auf, belässt den Anwendungen eigene Autonomie und ist flexibel für Anpassungen. Der Analyse zufolge bietet SOA das überzeugendste Konzept zur syntaktischen Integration.

Eine Umfrage von Baroudi und Halper (2006) unter 99 IT-Führungskräften in den USA und dem UK ergab, das 70% mit SOA eine einfachere Integration verbinden, während 60% eine schnelle Integration erwarten (vgl. Baroudi & Halper, 2006, S. 2). Obwohl SOA als Konzept für Integration als geeignet wahrgenommen ist, wird es derzeit nicht im erwarteten Maße genutzt. Hauptproblem ist dabei die hohe Komplexität der resultierenden Services (vgl. Bozkurt, Harman, & Hassoun, 2010, S. 33). Ein Ansatzpunkt zur Komplexitätsreduktion ist die Berücksichtigung von semantischen Abhängigkeiten, um Services gezielter Nutzen zu können. Im Folgenden werden semantische Technologien mit Fokus auf Serviceunterstützung analysiert.

## 3.2 Semantische Integration

Die semantische Ebene beschreibt die Bedeutung der syntaktischen Konzepte. Die syntaktische und semantische Ebene stehen in einer gegenseitigen Wechselbeziehung. Ohne Syntax ist keine Semantik möglich (vgl. Izza, 2009, S. 13). Syntaktische Integration basiert im Gegenzug auf semantischen Regeln (vgl. Ehrig & Forschungsgemeinschaft, 2004, S. 574). Um syntaktische Integration zu vereinfachen und automatisieren zu können, ist die Berücksichtigung von semantischen Strukturen notwendig.

Das semantische Kontinuum von Uschold und Gruninger dient zum besseren Verständnis von Semantik im Enterprise Integration Kontext (vgl. Izza, 2009, S. 35). Abbildung 10 stellt das semantische Kontinuum dar. Semantik kann implizit vorliegen. Mit steigendem Formalisierungsgrad steigt die Maschinenlesbarkeit. Eine formal vorliegende Semantik ermöglicht eine automatisierte Erfassung der Bedeutungszusammenhänge.

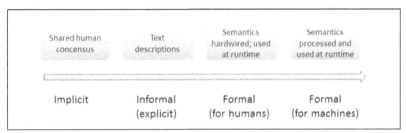

Abbildung 10: Semantisches Kontinuum (Uschold & Gruninger, 2002, S. 2)

Semantik wird in der Wissensrepräsentation genutzt, um Beziehungen darzustellen. Izza (2009, S. 35) nennt folgende Konzepte:

- Vokabular (Substantive, Verben und Adjektive)
- Thesaurus (kontrolliertes Vokabular)
- Taxonomie (Klassifizierung von Konzepten)
- Ontologie (setzt Taxonomien miteinander in Verbindung)
- Logische Formalismen, die Definitionen von abgeleiteten Konzepten enthalten
- Regeln, die Verhalten, Regulierung, Überwachung und Grundsätze spezifizieren

Ontologien sind eine formale, explizite Spezifikation einer Konzeptualisierung zur Modellableitung. Die Semantik spezifiziert die Beziehungen zwischen den Objekten. Im Folgenden wird auf ontologiebasierte Integration detaillierter eingegangen, da diese eine formale Beschreibung der Semantik beinhaltet.

### 3.2.1 Ontologiebasierte Integration

Ontologien werden bereits in vielen Bereichen der Integration eingesetzt. Den Ausgangspunkt bildet die Datenintegration. Im Kontext der Prozessintegration werden Ontologien eingesetzt um Geschäftsprozesse zu vergleichen, abzustimmen und zu integrieren. Serviceintegration nutzt Ontologien, um Webservices zu integrieren. Dadurch wird eine Abstimmung von Daten, Prozessen und Services ermöglicht. Tabelle 5 führt die Ansätze auf.

Tabelle 5: Ansätze semantische Integration (vgl. Izza, 2009, S. 35f)

| | Ansatz | Quelle |
|---|---|---|
| **Datenintegration** | COIN | (Goh, 1996) |
| | OBSERVER | (Mena, Illarramendi, Kashyap, & Sheth, 2000) |
| | BUSTER | (Visser, Stuckenschmidt, Wache, & Vögele, 2000) |
| | COG | (Alexiev, 2005) |
| | CLIO | (Miller u. a., 2001) |
| **Prozess-integration** | YAWL | (YAWL, 2010) |
| | UMM | (UMM, 2006) |
| | PSL | (US Department of Commerce, 2011) |
| | BPEL | (Jordan u. a., 2007) |
| **Service-integration** | OWL-S | (Martin u. a., 2004) |
| | METEOR-S | (METEOR-S, 2005) |
| | WSMO | (WSMO, 2005) |
| | WSMF | (Fensel & Bussler, 2002) |

Die Analyse in Kapitel 3.1.7 hat gezeigt, dass Services großes Integrationspotential aufweisen. Interoperabilität ist der Hauptvorteil von Web Services, Automation von Informationsbenutzung und dynamische Interoperabilität die primäre Motivation für Semantic Web Services (vgl. Martin u. a., 2007, S. 245). Izza vergleicht bestehende semantische Integrationsansätze mit Web Service Bezug miteinander (vgl. 2009, S. 45), wie Tabelle 6 zeigt.

Tabelle 6: Evaluation semantische Web Service Integrationsansätze (Izza, 2009, S. 45)

| Semantische Web Service Integrationsansätze | | | | |
|---|---|---|---|---|
| **Kriterium** | OWL-S | WSMF | WSMO | METEOR-S |
| **Generelle Kriterien** | | | | |
| Anwendungs-bereich | konzeptionell (basiert auf einer generellen Service Ontologie) | konzeptionell (basiert auf einem konzeptionellen Framework) | konzeptionell (basiert auf WSMF) | technisch (basiert auf WSDL-S, einer WSDL Erweiterung) |
| Standpunkt | konzeptionell (basiert auf einer generellen Service Ontologie) | konzeptionell (basiert auf einem konzeptionellen Framework) | konzeptionell | technisch (basiert auf WSDL-S, einer WSDL Erweiterung) |
| Ebene | Nachrichtenprozess | Nachrichtenprozess | Nachrichtenprozess | Nachrichtenprozess |
| Level | semantisch | semantisch | semantisch | semantisch |
| Offenheit | sehr hoch (basiert auf WSDL, OWL) | gering (basiert auf UPML) | gering (basiert auf WSML) | hoch (basiert auf WSDL, aber WSDL-S ist kein Standard) |
| **Spezifische Kriterien** | | | | |
| Semantische Beschreibung | generische Ontologie OWL-S | Empfehlung OWL-S zu nutzen | WSMO Ontologie | Annotation von WSDL Dateien |
| Maturität | mittel | sehr gering | mittel | mittel |

Die Fülle von verschiedenen Integrationsansätzen zeigt, dass derzeit keine dominierende Modellierungssprache vorherrscht. Zur Analyse der Unterschiede zwischen syntaktischer und semantischer Integration wird deshalb im folgenden OWL-S exemplarisch als eine der Technologien mit Fokus auf Serviceintegration diskutiert.

## 3.2.2    OWL-S

OWL-S (OWL for Services) ist eine Ontologie zur Beschreibung von semantischen Web Services, die auf der Ontologiesprache OWL (Web Ontology Language) basiert. Sie ermöglicht das automatische Auffinden, Starten, Zusammenfügen und Überwachen von Web Services (W3C, 2004). OWL-S nutzt OWL-DL (OWL-Description Logic Language) zur Beschreibung der Interaktionslogik.

**Anwendbarkeit:** OWL-S ist unabhängig von der ausführenden Umgebung und wird in verschiedenen Konfigurationen genutzt. Das umfasst traditionelle SOA Web Service Architekturen, peer-to-peer Systeme, multicast-based plug and play Systeme, sowie Architekturen mit zentralen Mediator (vgl. Martin u. a., 2007, S. 247). OWL-S ist damit eine Erweiterung bestehender Standards durch explizite und maschinenlesbare Semantik, um die Automatisierbarkeit des Servicemanagements zu ermöglichen.

**Struktur:** Abbildung 11 zeigt die Ontologiestruktur von OWL-S. Ovale repräsentieren eine OWL Klasse, Pfeile eine OWL Eigenschaft. Die übergeordnete Ontologie umfasst drei Sub-Ontologien. Das Profil wird genutzt um den Service zu bewerben, neue Serviceanforderungen zu generieren und Services zu vermitteln. Das Service-Prozess-Modell ermöglicht Serviceaufruf, -abarbeitung, -kombination, -überwachung und -wiederherstellung. Service Grounding hält die notwendigen Details über Transportprotokolle und das Mapping der Prozessmodellkonstrukte auf detaillierte Spezifikationen von Nachrichtenformate und Protokolle bereit (vgl. Izza, 2009, S. 37). Eine detaillierte Beschreibung der Aufgaben der einzelnen Sub-Ontologien gibt Martin u. a. (2007, S. 249-262).

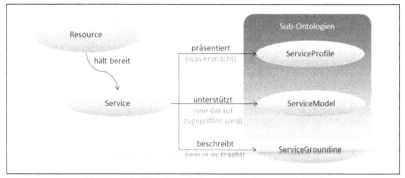

Abbildung 11: OWL-S Ontologiestruktur (nach Izza, 2009, S. 37)

**Nutzung:** Bestehende OWL-S Anwendungsbereiche sind: (vgl. Martin u. a., 2007, S. 262-267)

- *Nutzung von Service Profiles für Web Service Interaktionen*: Der Benutzer definiert ein Request basierend auf seinen Zielen (als Service Profile), durchsucht ein Verzeichnis wie UDDI, um einen Service Provider zu finden und interagiert schließlich mit dem Provider.

- Die *ontologiebasierte Service Suche* ermöglicht die Überwindung der Einschränkungen syntaktischer Suche (nur Keywords, keine verwandten oder übergeordneten Begriffe), indem Unterklassen- und Klassifizierungsbeziehungen berücksichtigt werden.

- Das Konzept der *Komposition* ermöglicht die automatisierte Selektion, Kombination, Integration und Ausführung von Web Services über verschiedene Ansätze. Obwohl diese vielversprechend sind, ist eine Vollautomatisierung der Servicekomposition derzeit noch nicht erreicht.

## 3.3    Vergleich syntaktische / semantische Integration

Tabelle 7 vergleicht für syntaktische und semantische Integration beispielhaft SOA mit OWL-S. Beide Technologien sind auf Serviceorientierung fokussiert. Eine Einteilung nach Izza (2009) in generelle und spezielle Kriterien ist nicht sinnvoll, da hinsichtlich der generellen Kriterien (Anwendungsbereich, Standpunkt, Ebene, Level, Offenheit - siehe Tabelle 4 und Tabelle 5) innerhalb der Integrationslevel (Syntaktisch / Semantisch) keine einheitliche Tendenz vorliegt. Die jeweiligen Ausprägungen variieren innerhalb der Integrationslevel je nach betrachteter Integrationstechnologie. Auf semantischer Seite ist SOA beispielsweise für interne und externe Integration geeignet, während andere sich andere syntaktische Integrationstechnologien auch auf nur einen der beiden Anwendungsbereiche beziehen können. Auch die Ebene, Standpunkt und Offenheit variieren je nach Technologie in ihrer Ausprägung. Auf semantischer Seite trifft dies ebenso zu. Von den von Izza beschriebenen generellen Kriterien ist nur das Integrationslevel gruppenintern einheitlich und gruppenextern verschieden.

Um eine levelinterne Generalisierbarkeit der Vergleichskriterien zu gewährleisten, müssen Kriterien betrachtet werden, die innerhalb des Levels homogen sind. Die gewählten Kriterien Transparenz, Auffindbarkeit und Automatisierbarkeit sind entnommen aus „Semantic Web Service Architecture" (vgl. Sollazzo, Handschuh, Staab, Frank, & Stojanovic, 2002, S. 425) und werden um die Kriterien Beschreibungsaufwand, Verfügbarkeit, Datenkomplexität, Aussagekraft, Skalierbarkeit, Modellierungssprachenvielfalt, Verbreitungsgrad ergänzt (vgl. Alexiev, 2005; Bozkurt u. a., 2010; Chappell, 2004; García & Gil, 2007; Goh, 1996; Izza, 2009; Martin u. a., 2004; Sheth, 1998; Sollazzo u. a., 2002; Umapathy & Purao, 2007). Die Bewertung der Kriterien erfolgt nach den Bewertungen in der aufgeführten Literatur.

Die **Auffindbarkeit** von syntaktischen Integrationslösungen ist geringer als bei semantischen Technologien, da die Modelle nicht in der Lage sind, eine Beschreibung der Funktionalität mitzuliefern. Am Beispiel von SOA ist ohne Semantik nur eine Stichwortsuche nach bestehenden Services möglich. OWL-S erlaubt auch das automatisierte Suchen nach Funktionsstrukturen.

Die **Aussagekraft** steigt mit dem Übergang von syntaktischer zu semantischer Integration. Durch die formale Beschreibung der Semantik wird diese nicht nur für Maschinen lesbar, sondern auch für Personen denen der Kontext der Anwendung nicht bekannt ist.

Der **Automatisierungsgrad** ist bei semantischen Integrationslösungen höher, da durch die formale Beschreibung der Beziehungen und Funktionen automatische Matchingprozesse ermöglicht werden. Am Beispiel von SOA und OWL-S lässt sich das an der Zielstellung erkennen. Erklärtes Ziel der semantischen Modellierung von Web Services ist die Vollautomatisierung von Auffinden, Ausführung und Orchestrierung von Web Services.

Der **Beschreibungsaufwand** zum Erstellen der Datenmodelle ist bei syntaktischer Integration geringer als bei semantischer Integration, da nur die Struktur beschrieben werden muss, nicht jedoch das Beziehungs- und Interaktionsverhalten. Dabei ist eine (Teil-)Automatisierung z.B. mittels zugrundeliegender Ontologien möglich, jedoch müssen diese auch erst modelliert werden.

Die **Datenkomplexität** ist damit deutlich höher als bei einer rein syntaktischen Integration, was zu einem höheren Datenumfang führt.

Syntaktische Integration weist eine höhere **Modellierungssprachenvielfalt** auf, weil der Ansatz älter ist und viele Spezialisierungen vorgenommen wurden.

Die **Skalierbarkeit** wird bei semantischen Integrationslösungen höher eingestuft, da sie aufgrund der höheren Automatisierbarkeit sich selbst an gewachsene Datenmengen anpassen können, und ein Austausch der zugrundeliegenden Komponenten möglich ist.

Die **Transparenz** ist bei syntaktischen Lösungen höher als bei semantischen, da Teile der Kontrolle an Automatisierungsmechanismen abgegeben werden. Eine Entwicklung von Monitoringmechanismen wird beispielsweise bei dem IMPACT Projekt (Dix, Munoz-Avila, Nau, & Zhang, 2003) beschrieben, wodurch langfristig eine höhere Transparenz erreicht werden kann.

Zum **Verbreitungsgrad** wurde bisher keine empirisch validierte Umfrage veröffentlicht. Historisch ist sie bei syntaktischen Integrationslösungen höher als bei semantischen Ansätzen, da der semantische Ansatz wesentlich jünger und die Umsetzung sehr komplex ist.

Tabelle 7: Gegenüberstellung syntaktische / semantische Integration

| Kriterium | Beschreibung | syntaktische Integration | semantische Integration |
|---|---|---|---|
| Bsp: | | SOA | OWL-S |
| Auffindbarkeit | Grad der Unterstützung von Suche | gering | hoch |
| Aussagekraft | Umfang des Inhalts | mittel | hoch |
| Automatisier-barkeit | Unterstützung von Maschinenlesbarkeit und automatisierter Kombination | gering | hoch |
| Beschreibungs-aufwand | zur Beschreibung der Daten benötigte Zeit | mittel | sehr hoch |
| Daten-komplexität | physischer Umfang der Datenstrukturen und die damit verbundene Unübersichtlichkeit | mittel | hoch |
| Modellierungs-sprachenvielfalt | Anzahl der Modellierungssprachen zur Beschreibung der Daten | hoch | gering |
| Skalierbarkeit | Umgang mit wachsenden Datenmengen und -strukturen | mittel | hoch |
| Transparenz | Lesbarkeit für Benutzer | hoch | mittel |
| Verbreitungsgrad | Nutzung des Ansatzes | mittel | gering |

Tabelle 8 fasst die in Tabelle 7 analysierten Kriterien zusammen und klassifiziert sie als Chancen und Risiken für den Einsatz von semantischer Integration. Die Quellen sind horizontal angeordnet und nach Veröffentlichungsjahr sortiert. Die Chancen und Risiken sind nach Anzahl der Nennung sortiert und vertikal angeordnet. Ein Kreuz in der sich aufspannenden Matrix symbolisiert das Vorkommen des Kriteriums im Text der betreffenden Quelle. Deren Summe ist am Anfang jeder Zeile angegeben. Die Literaturanalyse zeigt dass Automatisierbarkeit, Flexibilität und Interoperabilität die am häufigsten vorkommenden Vorteile sind. Die Anzahl der Risiken ist thematisch bedingt geringer, da sich die Artikel mit der semantischen Integration beschäftigen und Risiken seltener betrachten.

Tabelle 8: Semantische Integration: Chancen und Risiken

| Quelle | Goh, 1996 | Sheth, 1998 | Sollazzo u. a., 2002 | Chappell, 2004 | Martin u. a., 2004 | Alexiev, 2005 | Umapathy & Purao, 2007 | Garcia & Gil, 2007 | Izza, 2009 | Bozkurt u. a., 2010 |
|---|---|---|---|---|---|---|---|---|---|---|
| **Chancen** | | | | | | | | | | |
| 8 Automatisierbarkeit | x | x | x |  | x | x |  | x | x | x |
| 6 Interoperabilität |  | x | x |  | x |  | x | x | x |  |
| 6 Flexibilität | x |  |  |  | x | x | x |  | x | x |
| 5 Skalierbarkeit | x | x |  | x |  | x | x |  |  |  |
| 4 Transparenz |  | x | x | x |  |  |  | x |  |  |
| 4 Verfügbarkeit | x |  |  | x | x |  |  |  | x |  |
| 3 Aussagekraft |  | x |  |  | x |  |  | x |  |  |
| **Risiken** | | | | | | | | | | |
| 5 Beschreibungsaufwand | x |  | x |  | x |  |  |  | x | x |
| 4 Datenkomplexität | x | x |  |  | x |  |  |  | x |  |
| 2 Modellierungssprachenvielfalt |  | x |  |  |  |  |  | x |  |  |

# 4   Zusammenfassung und Ausblick

Die Betrachtung in Kapitel 3.1 zeigt, dass syntaktische Integration die formale Zusammenführung von Programmen beinhaltet. Zur Identifizierung von Problemfeldern und deren Evaluation lassen sich Problemdimensionen (Siehe Abbildung 2: Problemdimensionen für Softwareintegration, S. 2) nutzen. Dies ermöglicht zusätzlich eine Bewertung des Integrationsgrades des Informationssystems. Die Auswertung von Tabelle 4: Syntaktische Integration (S. 11) hat gezeigt, dass sich Serviceorientierung flexibel und erweiterbar zur Integration eignet. Die Bewertung der Technologien basiert auf den Erkenntnissen Izzas (2009). Die Evaluation wird von Izza jedoch nicht bewertet und die Kriterien werden nicht klar definiert. Die daraus resultierenden Ergebnisse sind demzufolge unscharf. Zusätzlich wird keine empirische Grundlage mitgeliefert. Das Vorgehen der Literaturanalyse 3.3 ist explorativ und muss empirisch validiert werden. Generell ist die wissenschaftliche Diskussion um semantische Web Services zurückgegangen. Empirische Studien zum Vergleich von syntaktischer zu semantischer Integration würden den aktuellen Stand der wissenschaftlichen Diskussion und die daraus resultierenden Probleme formalisieren, um direkte Ansatzpunkte für zielgerichtete Forschung zu geben. Eine Orientierung an formalen Informationssystemmodellen wie Mertens (2007) und Izza (2009) ist dabei sinnvoll, wobei das Modell von Mertens die Ebenen semantische und syntaktische Integration bislang nicht enthält, und um diese Dimension erweitert werden könnte.

Eine formale semantische Beschreibung von semantischen Beziehungen erhöht die Maschinenlesbarkeit der Strukturen. Um eine flexible Integration verschiedener Integrationsebenen und -dimensionen zu ermöglichen, ist die Fokussierung auf das Serviceorientierungsprinzip sinnvoll. Ziel von semantischen Web Services ist demzufolge die Automatisierbarkeit der Auswahl, Ausführung und Orchestrierung von Web Services über semantische Auszeichnungssprachen wie OWL-S, WSMO oder METEOR-S. Obwohl die Grundlagen zur semantischen Beschreibung von Prozessen bereits 2004/2005 gelegt wurden (METEOR-S, 2005; W3C, 2004; WSMO, 2005), ist bis heute eine Vollautomatisierung der Orchestrierung nicht umgesetzt. Hauptproblem ist die hohe Komplexität der resultierenden Services (vgl. Bozkurt u. a., 2010, S. 33).

Die beschriebenen formalen Modelle (Abbildung 5: Mertens, 2007; Abbildung 3: Izza, 2009) helfen, die Struktur von Informationssystemen zu systematisieren und somit den Beschreibungskomplexität zu verringern, und sind als Ausgangspunkt für die weitere zielgerichtete Forschung geeignet. Ob sich die semantische Integration durchsetzt, hängt davon ab, ob der Nutzen aus einer Automatisierbarkeit der Anwendungsintegration höher wahrgenommen wird als der Aufwand der semantischen Beschreibung. Hierzu sind weitere empirische Studien notwendig.

# Literaturverzeichnis

Alexiev, V. (2005). Information integration with ontologies: experiences from an industrial showcase. Wiley.

Amice, C. (1993). Open System Architecture for CIM. *CIM-OSA, Springer, Berlin.*

Baroudi, C., & Halper, F. (2006). Executive Survey: SOA Implementation Satisfaction. *Hurwitz and Associates.*

Bozkurt, M., Harman, M., & Hassoun, Y. (2010). Testing web services: a survey. *Department of Computer Science, King's College London, Tech. Rep. TR-10-01.*

Chappell, D. A. (2004). *Enterprise service bus.* O'Reilly Media, Inc.

Dix, J., Munoz-Avila, H., Nau, D. S., & Zhang, L. (2003). IMPACTing SHOP: Putting an AI planner into a multi-agent environment. *Annals of Mathematics and Artificial Intelligence,* *37*(4), 381–407.

Ehrig, H., & Forschungsgemeinschaft, D. (2004). *Integration of software specification techniques for applications in engineering: Priority Program SoftSpez of the German Research Foundation (DFG).* Springer.

Fensel, D., & Bussler, C. (2002). The web service modeling framework WSMF. *Electronic Commerce Research and Applications,* *1*(2), 113–137.

García, R., & Gil, R. (2007). Facilitating business interoperability from the semantic web. *Business Information Systems* (S. 220–232).

Goh, C. H. (1996). *Representing and reasoning about semantic conflicts in heterogeneous information systems.* Citeseer.

Hasselbring, W. (2000, Juni). Information system integration. *Communications of the ACM, 43,* 32–38.

Izza, S. (2009). Integration of industrial information systems: from syntactic to semantic integration approaches. *Enterprise Information Systems, 3*(1), 1-57.

Jordan, D., Evdemon, J., Alves, A., Arkin, A., Askary, S., Barreto, C., Bloch, B., u. a. (2007). Web services business process execution language version 2.0. *OASIS Standard, 11.*

Mansour, O., & Ghazawneh, A. (2009). Research in Information Systems: Implications of the constant changing nature of IT in the social computing era.

Martin, D., Burstein, M., Hobbs, J., Lassila, O., McDermott, D., McIlraith, S., Narayanan, S., u. a. (2004). OWL-S: Semantic markup for web services. *W3C Member Submission, 22,* 2007–04.

Martin, D., Burstein, Mark, McDermott, Drew, McIlraith, Sheila, Paolucci, Massimo, Sycara, K., McGuinness, D. L., u. a. (2007). Bringing Semantics to Web Services with OWL-S. *World*

Wide Web, *10*(3), 243-277.

Mayer, R. J., Menzel, C. P., & Painter, M. K. (1995). PS deWitte, T. Blinn, and B. Perakath. Information integration for concurrent engineering (IICE): IDEF3 process description capture method report. *Knowledge Based Systems Inc.*

Mena, E., Illarramendi, A., Kashyap, V., & Sheth, A. P. (2000). OBSERVER: An approach for query processing in global information systems based on interoperation across pre-existing ontologies. *Distributed and Parallel Databases, 8*(2), 223–271.

Mertens, P. (2007). *Integrierte Informationsverarbeitung 1.* Gabler Verlag.

METEOR-S. (2005). LSDIS: METEOR-S. Abgerufen Mai 31, 2011, von http://lsdis.cs.uga.edu/projects/meteor-s/.

Miller, R. J., Hernandez, M. A., Haas, L. M., Yan, L. L., Ho, C. T. H., Fagin, R., & Popa, L. (2001). The Clio project: managing heterogeneity. *SIgMOD Record, 30*(1), 78–83.

Oberweis, A., & Stucky, W. (2003). Flexibilität in betrieblichen Informationssystemen. *Informationswirtschaft: Ein Sektor mit Zukunft,* 333–345.

Schwarze, J. (2000). *Einführung in die Wirtschaftsinformatik.* Verl. Neue Wirtschafts-Briefe.

Schwarzer, B., & Krcmar, H. (1999). *Wirtschaftsinformatik.: Grundzüge der betrieblichen Datenverarbeitung.* Schäffer-Poeschel.

Sheth, A. P. (1998). Changing Focus on Interoperability in Information Systems: From System, Syntax, Structure to Semantics. *Interoperating geographic information systems,* 5–29.

Sollazzo, T., Handschuh, S., Staab, S., Frank, M., & Stojanovic, N. (2002). Semantic web service architecture–evolving web service standards toward the semantic web. *Proceedings of the Fifteenth International Florida Artificial Intelligence Research Society Conference* (S. 425–429).

Umapathy, K., & Purao, S. (2007). A theoretical investigation of the emerging standards for web services. *Information Systems Frontiers, 9*(1), 119–134.

UMM. (2006). UMM – UN/Cefact's modelling methodology: UMM Meta Model –Foundation Module Version 1.0. Technical Specification 2006-10-06.

US Department of Commerce, N. (2011). Process Specification Language (PSL). Abgerufen Mai 31, 2011, von http://www.nist.gov/el/msid/psl.cfm.

Uschold, M., & Gruninger, M. (2002). Creating Semantically Integrated Communities on the World Wide Web.

Vernadat, F. B. (2002). Enterprise modeling and integration (EMI): Current status and research perspectives. *Annual Reviews in Control, 26*(1), 15-25.

Visser, U., Stuckenschmidt, H., Wache, H., & Vögele, T. (2000). Enabling technologies for interoperability. *Workshop on the 14th International Symposium of Computer Science for*

*Environmental Protection* (S. 35–46).

W3C. (2004). OWL-S: Semantic Markup for Web Services. Abgerufen Juni 7, 2011, von http://www.w3.org/Submission/OWL-S/.

Weston, R. H. (1993). Steps towards enterprise-wide integration: a definition of need and first-generation open solutions. *International Journal of Production Research, 31*(9), 2235–2254.

Williams, T. J. (1994). The Purdue enterprise reference architecture. *Computers in Industry, 24*(2-3), 141-158.

WSMO. (2005). Web Service Modeling Ontology (WSMO). Abgerufen Mai 31, 2011, von http://www.w3.org/Submission/WSMO/.

YAWL. (2010). YAWL: Yet Another Workflow Language | Leading the World in Process Innovation. Abgerufen Mai 31, 2011, von http://www.yawlfoundation.org/.